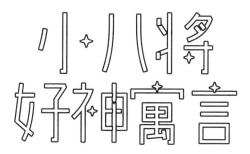

小小將好神寓言

好神下凡來預言
讓人生都變成上上籤

圖‧文／傅弘誌 Mars Fu

序

　　有一回，我在台北的行天宮裡看見一群由旅行團帶來的各國觀光客。帶隊的導遊說了一句：「跟恩主公祈求，誠心誠意。」之後，眾人便把神情整頓，平靜祥和的合掌默祝。在這段時間裡，我們一起度過了我所謂的「好神時刻」。

　　常常散步到我家附近的公園，穿過一小截綠蔭隧道，在年幼櫻花樹旁邊的那棵百歲的彎腰大樟樹，是我每天駐足的地方，我輕輕將手放在它的樹凹上，此時一陣涼風吹過，我在大樟樹的樹蔭中，片刻的涼爽與沉靜是專屬於我的「好神時刻」。

　　不知道你是否也有屬於自己的「好神時刻」呢？相對於人生的寫實，如果可以，我個人很樂於去收集這些富含寓意的時間，傾聽上天的低語，當我們不再遺忘自身的存在時，所聽見、看見的越能深印其心、伴隨前行。希望翻閱此書能夠為你在忙碌的生命中，帶來些許的療癒與喜悅，願在好神的庇佑下我們都是幸運的孩子。

　　　　作者

CONTENTS

· 序   - 0 2 -

· 第一籤   吸引好運的磁鐵   - 0 5 -

· 第二籤   冒險讓人生擁有自由   - 2 8 -

· 第三籤   讓自己永保新鮮   - 5 4 -

· 第四籤   找到屬於你的巨人肩膀   - 8 1 -

· 第五籤   玩樂時如有神助   -1 0 5 -

· 第六籤   讓心順流而行   -1 2 9 -

· 第七籤   愛自己不需理由   -1 5 5 -

· 特別附錄   小八將角色介紹   -1 7 6 -

              小八將乾坤幻境：角色關係圖

第一籤

吸引好運的磁鐵

請活在當下
因為這是唯一重要的時刻

開心

可以很簡單

想辦法「專注」

在一件簡單的事情上～

幸運其實就是
當準備遇上了機會

幸運的人

相信自己是幸運的

在生活中

充滿熱情全心投入

往往好運氣會像故意安排好般發生

巧合連連喔

如果沒有黑暗
星星就無法閃耀

親愛的過去　謝謝你教會我的

親愛的未來　我準備好迎接了

親愛的宇宙　我會珍惜每一次機會

每天睡覺前

將感謝藏在　枕頭下

那麼它將會　化成幸運星

樂觀是吸引
好運的磁鐵

有時候　人生很簡單

如果

你保持正面

好的事物及好的人

將會來到你身邊

笑看人生的苦
熊熊就發現幸福

笑看人生也很好

在四周找尋快樂　而不是難過

輕盈的心　才能從容應對難關

別忘了

給自己一個微笑

你很棒喔

人生的浪花
自己創造

規劃你的航海地圖　帶上好夥伴

盲目迷航的日子　已經過去

船行前方的是　更加精彩的浪濤

不要放棄

因為別人　無法替你看見

地平線那端

屬於你的　偉大航道

好的想法
產生好的果實

我們都該學習

如何　耕耘自己的命運

因為會結什麼果　也都是自己嘗

所以請　細心的播種　耐心的培養

一個好想法

把握機會　讓它成長茁壯

好運的未來

就可以由自己來收穫

幸福的魔法
就藏在我們身邊

為了過上更好的日子

我們常常為高遠目標　犧牲了自己

被忽略的　往往是身邊關心你的人

但唯有踏實過好日常生活

我們才會　感受到回報

我們才會　覺得活得很好

讓一碗飯

都充滿了 幸福的滋味

真正的財富
用肉眼是看不到的

對於所擁有的

心存感激

這樣你會擁有更多

若老是在意你所沒有的

那永遠都會感到匱乏

在等待
更大的快樂時
別讓小小的喜悅溜走了

沒有誰可以

讓我們的生活變好或變壞

能改變的

只有你看待生活的方式

接受與欣賞

這是美好人生的祕訣

如果機會不來敲門
那就為自己開一扇窗

快樂 猶如一隻蝴蝶

被追求時　永遠抓不到

但如果

你安靜的坐下

它會降落在你身上

第二籤

冒險讓人生擁有自由

有喜有悲是人生
有苦有樂是生活

當生活給你

黑咖啡與白牛奶時

那就試著

調和成咖啡牛奶吧

害怕受傷
比受傷本身更糟糕

生命

原是要不斷的受傷和復原

記得感謝和原諒

因為這是　真誠活著的唯一解方

新的對比　新的擴充　新的我們

時間不回頭

卻深刻了 幸福的滋味

好奇使我們發現機會
冒險讓人生擁有自由

當我們老是害怕失敗

替自己找藉口開脫的時候

眼前就算有一條康莊大道

也會看不見

再怎麼安全的地方

也可能潛藏重重危機

人生最大的風險　不是去冒險

而是不冒任何的險

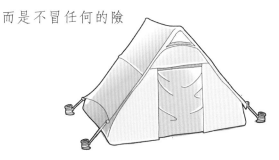

每一個失敗與低谷
都潛藏了
通往峰頂的機會

在兩座山峰之間　必有低谷

你在低谷裡怎麼自處

決定了　你可以多快

爬到下一座高峰

祕訣就在逆境之中

尋找線索　常懷抱感謝之心

逆中求勝
絕不放棄

歸零

找回熱情的初衷

專注

只為一次無悔的機會

打開你的天空

打破陳腐的思想

脫胎換骨的你　用盡所有力

回應命運

越是乾旱的時期
越能結出甜美的果實

逆境是用來

讓心熟成

越柔軟彈性越大

直到足以包裹信念之前

耐心沉潛　等待時令的到來

張開手才知道
心有多大
世界就有多大

不要在　別人的眼裡

尋找　未來的自己

也不要因為　他人有限的想像力

侷限了　你自己的能力

幸福　可以耐心等

有時候

它只是　來得慢一點

只有動起來
才看得見未來

今天

就是開始的最好時間

出發

做對的事　永遠都是時候

你知道嗎

人生最棒的部分

就是　當走出去時才發現

原來　我們辦得到

當決定往前走時
路會為你而開

人生　雖總有太多迷惘

也會有　看清方向的時刻

區分　夢想與慾望

你能帶上路的　只有

準備好的陽光、行李及好心情

選擇　屬於自己的美麗

不管遠方多遠

心一定會很靠近　很靠近

如果你累了
學習休息 而不是放棄

該休息就休息

沒必要勉強自己

人生很長

一回首　別老是在忙

人生很短

讓你的堅強　也有歇息的地方

人生就在失去後
才真正開始

有時候　我們得接受失去

讓自己一無所有　之後

才能在　迷惘中

找到　你是誰

所以　不要害怕

要照著自己的心走　並不容易

勇敢追隨　你會沒事的

給未來的自己
謝謝你
活出無悔人生

無論過去的　對你來說是好是壞

別責怪自己

即使設定了　多麼遠大的目標

也要在盡力後　享受過程

並走出當下　你自己的路

一切事情的發生　都有意義

都是為了　更好的安排

真的為你　感到驕傲

謝謝你一直都很努力　沒有放棄

第三籤

讓自己永保新鮮

做自己的導演
活出最佳人生

你可以

做最好的自己

用心創造　盡情演出

只需要　接受所有美好會發生

要知道

未來是尚未完成的劇本

最佳主角就是你！

相信你的付出

如果你已經　盡了全力

請記得　也要享受過程

汗水的代價

不在於我們得到什麼

而是我們成為什麼

把每一天
都當成第一天
讓自己永保新鮮

一生只要兩天

「第一天」和「最後一天」

別煩惱　該過怎樣的生活

每天重新親自去實踐

活在當下充實的每一天

在你的熱情裡
夢想會成為真實

行不通　行得通

取決於　決心與熱誠

別浪費你的潛能

你唯一需要相信的人

是你自己

宇宙　將會送你一份

心願達成的禮物

撕掉討好的面具
這一回
為自己活

如果　你的人生

總是擔憂　別人的目光而瞎忙

那最終　唯一不喜歡你的

一定是你自己

只要你願意

這一回

不為別人　只為自己

相信自己是顆鑽石
用逆境打磨發光吧

感到難過的時候

也許會忘記

那個最初生而勇敢的自己

不要怕沒有出頭天的機會

因為

發光發熱是我們的天職

你不是為了尋找自己而活
是為了創造自己而活

即使不耀眼　依舊獨一無二

即便隱沒於人群中

仍有上天眷顧著

有時候　我們會侷限自己

但沒有人的人生　是完美無憾

生命的安好

不存在「比較」的選項

所有的煎熬
都是為了
活出自己的味道

人生　就像烹調

無論是　青菜豆腐或滿漢全席

別讓好料過期

沒有經過

高溫翻炒　熱油煎熬

活不出　令人回味無窮的

好味道

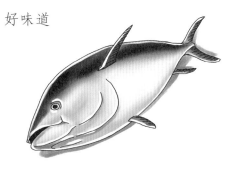

越喜歡你自己
你就越特別

真的　你做得很好

別苛責自己

要知道

宇宙的運行

是沒有操作手冊　可以參考的

每天給自己一個讚

最值得鼓勵的人正是你！

愛別人要靠緣分
而好好愛自己是本分

你就是你

無比重要　無可取代

每一天

都要活成自己最愛的樣子

因為這是　唯一的生活方式

愛上別人之前
請先愛上自己

每個人都有討厭自己的時候

常常會　把自己弄得不像自己

　這時　要記得‧‧‧‧‧‧

　一個人時　請好好善待自己

　兩個人時　請好好善待彼此

快樂不是擁有的多
而是計較的少

想像

你是世界上最快樂的人

然後　你會發現

你可能不是　擁有最多

但是　你所擁有的一切

都會是　最好的

第四籤

找到屬於你的巨人肩膀

這個世界很小
和你相遇好暖心

要是感到累了

就努力放空吧

好好休息

把心放下

才會有更多空間

我的肩膀

永遠讓你靠

你不用成為最好
你就是我的最好

你就是你　沒關係

要做最喜歡的事

對世界張開雙手

因為你就是你　這世上的唯一

所以你很重要

對我來說　也很重要

有的時候
一個擁抱勝過千言萬語

生活中

難免有挫折

心情不好的時候‧‧‧‧‧‧

除了　努力振作之外

常常　我們需要的

只是　一個真誠的舉動

有你做伴
是最幸福的事

喜歡　不因為什麼

喜歡　不用計較多少

你我　完整分享

存入情感

簡簡單單　卻不平淡

無論晴天雨天
都有我在你身邊

晴天跟你散步　雨天一起撐傘

伴　是一個人一半

快樂悲傷　有你在有我在

愛是種默契　點點滴滴

心和心難得　同呼吸

不想散　不會散

沿途都會是　我們的好風景

生活不是因為幸福才笑
而是笑了才幸福

朋友就是

一起吃飯、一起笑

一起　分享時光

每一個　在一起

都值得好好珍惜～

越長大越珍惜
有你陪伴的時光

常常

我們都忘了

在身邊　就養成依賴

習慣了　就理所當然

每個人都需要被疼惜

當你懂得珍惜緣分

請説一聲

有你在真好

與妳同行
讓我充滿勇氣

記得　最愛

牽著妳的手回家

記得　妳說

要學習愛人

這樣一切都會變好的

生活　有些改變了　有些沒變

但是我永遠記得

那手指間妳的溫度

找到屬於你的
巨人肩膀

曾經　從你的肩頭上　我看到了世界

如今　期望自己　可以像你

擋住風雨　扛住甜蜜的重擔

謝謝你

有一天　我會長大

長成一個像你一樣的巨人

這次　換我帶你看世界

沒有風平浪靜的海
只有堅持方向的舵手

如果生命是　一片汪洋大海

我們都會是　自己的船長

不要放棄　所選擇的偉大航道

因為　別人無法替你看見

地平線那端

那屬於你的　美好遠景

世界是一本書
不旅行的人只讀了一頁

好朋友就是‧‧‧‧‧‧

意見跟你不同

臭味　卻跟你相投

有他的陪伴

旅程可以走得更遠

歡慶10週年限定電影！開啓全新魔法世界

電影版 **角落小夥伴**™

藍色月夜的魔法之子

藍色月夜傳說
魔法師即將現身

日文配音
井之原快彥
本上真奈美

中文配音
金馬影后 賈靜雯
& 女兒 Angel

8.5 (五) 中日文版同步上映

你今天拉拉熊了嗎？

拉拉熊生活語錄，收錄了拉拉熊慵懶且自言自語的生活語錄。
使用方法：一頁一頁看就很有趣了！
也可以閉上眼睛，隨意翻開一頁，看看拉拉熊給你什麼訊息！

拉拉熊

住在小薰家裡的人偶熊。最愛鬆餅、歐姆蛋包飯和布丁。

小白熊

行蹤飄忽，常常突然現身。跟拉拉熊一起生活著的白色小熊。興趣是音樂和惡作劇。

小黃雞

人如其名，就是隻黃色的小雞。平時忙於照顧拉拉熊與小白熊。興趣是打掃、儲蓄和扮家家酒（？）

小薰

在東京都內工作的上班族，原本過著單純的單身生活，不知為何，有一天忽然就跟拉拉熊們生活在一起了。

第五籤

玩樂時如有神助

休息也是
一項重要的工作

提醒自己　不要急

能做多少算多少

慢慢來　有時比較快

太過小心　是很累人的

要知道　讓人向上的動力

不是疲勞　而是復原

工作時全心投入
玩樂時如有神助

人生好比是

開車在一條遠行的路

別一直猛踩油門　要適度

掌握好　自己的方向盤

沿途　結伴同行

一同　欣賞風景

才會是趟好旅行

你不是去旅行
而是去看看
更寬闊的自己

旅行

除了留下記憶與照片之外

更重要的　是尋找人生的路徑

讓自己心胸更寬廣

世界很大　想遇見更多可能性的自己

只有「走、出、去。」

給自己留點時間
心裡才有
進退的空間

就算日子再忙

也別忘了

尋找最舒適的方式　不用配合別人

用一點時間與空間　緩衝自己的情緒

讓心平靜下來

自然而然　放鬆

讓你

在面對明天時更堅強

休息充飽電
讓自己滿格
再出發

滿格的自己

也會有耗盡的時候

不能等到　快斷電了才充電

不管怎麼遠大的目標

還是要在　每日的工作與休息中

一步步築夢前進

別累了自己　又傷了別人

這樣電力　才會長長久久

再勇敢點
人生不只如此

很多時候

其實只要再勇敢一點點

事情就會好轉很多

想得太多　就會把命運當藉口

你的過去　不等於你的可能

要知道

成功的人

只是比你多跨出那一步而已

當你微笑時
世界必回報你
更大的笑容

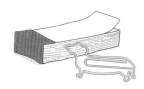

別忘了　你很棒

最該謝謝的人

就是　你自己

真正　揮灑不盡的富有

就是　你那燦爛的笑容

拿出勇氣

相信自己

讓人向上的動力
不是疲勞
而是好好復原自己

人生大部分的　辛苦

都可以在　休息重整之後

找到勝任的力量

順其自然往前走吧

一步一步　慢慢來

一日一日　好好過

當你決定往前走時
就算再慢
路也會為你而開

你改變不了　世界的輪廓

但你可以　規劃屬於自己的旅程

你改變不了　時間的軌跡

但你可以　踩著當下的足印

闢出一條條小徑

要知道

已經完成的小事

遠勝過還在計畫的大事

打開你的心胸
人生才會擴充

今天

我會打開　給自己的這份禮物

這是份越付出　越豐盛的禮物

永不枯竭的寶藏

無論是誰　都可以擁有

無論是誰　都值得收到祝福

（送出）

愛和生活
都是越簡單越好

　　其實

生活可以很簡單

是你讓它　變得複雜了

　　其實

生活　真的不簡單

心疼單純的你

努力　想簡簡單單生活著

第六籤

讓心順流而行

完美的安排
需要耐心來召喚

別抗拒安排　將重擔放下

如釋重負的感覺　會讓洞察力明晰

規劃解決方式、凝聚耐心

當內在專注且平靜時

美好的事物

遲早會在人生中　洄游出現喔

把生活中的苦
轉化成提味的幸福

你可以　不用總是堅強

咬牙堅持的背後

都有一個百轉千迴的夢想

心碎時　心累時

別忘記　得先品嘗

生命中　那美好的缺憾

未來的抉擇　才會明朗

延年益壽的方式是
永遠保持一顆玩心

我們常有

被生活壓得　喘不過氣來的時候

覺得很累　也不知道該如何放鬆

其實‧‧‧‧‧‧

保持一顆玩心　就會好

若你覺得你還青澀　你仍會成長

若你覺得自己　已經成熟

那你就等著腐朽

心就像降落傘
要打開才有用

順風也好　逆風也罷

重要的是　安全著陸

風的方向　捉摸不定

卻可以　提供向上的動力

只要你　抓穩情緒張開心帆

必定會降落在　幸福的中心點

換一換心情
撫慰疲憊的身心

停一下腳步

讓自己放鬆喘息

老是繃著臉

情緒也會麻木的

要知道

你無法　改變天氣

卻可以　改變心情

幸運由天決定
幸福必須由心

心之所向

總要安於樸素之行

命之所定

塵緣萬里盡在一念

逝者如斯　覆而盈虛

欲渡過寬闊河道

一葦可航

哭泣並不是因為軟弱
而是因為堅強了太久

在眼淚掉下來　之前

必須先　帶著笑容

就算是　傷痕累累的心

也不會　因此而

失去愛人的能力

心簡單了
煩惱也就簡單了

天空很大

但用一隻手

也可以遮住遠望

煩惱很小

但若放不下

再小也會擋住幸福

讓心順流而行
清淨就在轉念間

一切的一切　源於自然

存在你的心裡

這是上天

所贈與的　清明本心

找到它　讓自己回歸

身心放鬆　就是這麼自然

放下後的簡單
順其自然零負擔

小時候

幸福　是件很簡單的事

長大後

簡單　是件很幸福的事

放下包袱　有捨有得

這就是令你幸福的

第一個步驟喔

世上沒有
走不通的路
只有想不通的人

老是　抱著舊想法

就會　走不出舊路

當你在道路上　迷失了

也可以　依靠星星辨別你的方向

人生上路了　就不要停止往前走

沙漠中的綠洲

就在你舉起的火炬前方

放開心
生活就會開心

給你一個溫暖的擁抱

幫你解開　糾結的心

讓你跳脫　累人的框架

要知道

我唯一放不下的

只有對你的關心

第七籤

愛自己不需理由

給自己一個擁抱
因為你就是最重要

給自己一個擁抱

每一天　溫柔的說

「謝謝你」「我的身與心」

不要苛責　為了讓你更好

「它」已經盡了全力了

一點鼓勵　一點讚賞

照顧好自己

現在的你　就很好！

有些煩惱
丟掉了
才有雲淡風輕的機會

Let it go～

昨天的你　已經過去

把距離拉遠之後

一切煩惱　通通顯得微不足道

讓自己　放手吧

不是為了放棄　而是為了不放棄

而所有放下的

都會成為成功的基石

傻傻愛自己
幸福就由這一刻起

喜歡自己　安靜的樣子

喜歡自己　有點搞笑少根筋

喜歡自己　也有小憂鬱　小煩惱　小缺點

愛上自己的傻氣

這就是

原汁原味的幸福

人生太短不能浪費
要朝著自己的道路前進

當我們

　學會長大　學會承受

　　學會哭過之後

　才能夠真心微笑

別讓日復一日的生活

　麻木了你的大腦

　每天多學一點

就是快樂的特效藥！

你就是
小星球轉動的
唯一理由

每天調整一下

愛的優先順序

最簡單的　往往最重要

在你的小星球裡

一切都為你　自轉公轉

讓自己好好的
一切從心開始

這是重新出發的日子

是回想　是向前的機會

整理好心情　從小事做起

別責怪自己　勇敢歸零

讓心乾淨　整齊

一切都會好起來的

試著成為別人的力量

別忘記

想成長　請先更新自己

從今天起
睡飽吃好
要對自己更好

很辛苦吧　很忙吧

過度努力的你

就算在家　也想回家

就算吃飯　也忘了按時

失眠的夜

請你要再多在乎自己一點

別追逐別人的眼光　過日子

照顧好自己　只是因為

你很重要

幸福不在於擁有什麼
只在於如何和自己相處

面對生活

永遠不是衡量得到的多寡

而是在得失之後

重整自己　重新安頓

用謙卑的休養

去鍛鍊

一個悠遊自在的心

不用和別人比較
因為自己是獨一無二的

接受不完美的自己

也接受不完美的對方

一起享受

這個完美的時刻吧

生活就是去愛
其餘都會慢慢變好的

為了信念與所愛的人

使我們起身

為了希望和夢想

讓我們堅持

然而　只有「愛」

能夠帶我們　到達終點

所以千萬別放棄

你並不是獨自一人

小八將
主角小男孩
香蕉裡誕生，大家都很疼愛他，善良調皮，對凡事都好奇。

五角狗
小哲學家
小八的小寵物，五角形的身體。可以把好幾隻五角狗疊起來。常常說出思考人生的名言。

七爺八爺
生死至交吃貨
吃貨兩枚，人生無大志只有吃東西最棒！要可愛只為了吃。

小虎爺
便利商店店長
每天都要帶著最棒的笑容，服務精神一級棒！擅長各種運動喜歡收集潮帽。
武白虎國王的小兒子。

貓關公
會變Q版的雇傭兵
一隻在三千世界中流浪的貓，自許為吉普賽詩人，卻是一名雇傭兵，不想被任何事情束縛卻有不可思議的正義感。

小菩提
超級碎念
記憶力驚人，但誰也受不了他的碎念，佛土王國的王子。

觀音媽媽
照料小八的生活
慈祥充滿母愛的觀音媽媽，喜歡穿花布衣裳。經常參加烹飪大賽，是個廚藝高手。最愛做的甜點是杯子蛋糕，愛辦桌當總舖師，會使出千手觀音這招瞬間變出滿滿一屋子的好菜。

小風獅
天真浪漫
傻裡傻氣的卻有大志向，想要跟他心目中的英雄爸爸，風獅爺一樣，飛上天。

達摩村長
丙火村村長
眾神中定力最夠，天塌下來也不會眨一下眼睛，靈魂出竅時斗笠會飄在空中，負責帶襁褓中的小八將，故事後期戰爭開始時，恢復大魔法師的身分。

小嫦娥
月亮上的住民
小八將的青梅竹馬，是乘著流星來到神界的可愛女孩，個性溫柔又固執。

三太子
聞名海外的童星
愛穿名牌睡衣。
很注重生活品質，是高端時尚的代言人！

哼哈門神
雙胞胎
守護著三千世界的大門，身型像摩艾像一般巨大，以無邊無際的魔法，護衛著每一個連接人界與三千世界的入口。

小文昌
ABC留學歸國
丙火村上唯一的老師，他的學區含括了迎日平原裡的丙火村與月馬鎮。配有一座可以任意移動的任意龍門，只要有學生逃課，他就可以穿過龍門把他們抓回來。

鍾馗大叔
一年只工作7月份
平常經營烤肉攤，個性迷糊有義氣。
需要精明小鬼頭在旁邊不斷照顧。

財神氣球
**從另一個宇宙
過來的生命體**
一個奇妙的神明，似乎是從另一個宇宙過來的生命體，總是一付招牌笑容，喜歡觀察人們對錢財的態度。

土地公公&婆婆
感情很好的一對銀髮夫婦
土地公公是土生土長的迎日巨人族，這支古老的種族侍奉土地，研究著大地后土的一切，是農夫也是學者，每天日出而作、日落而息。

小寒單
**皮膚的顏色
會隨季節變化**
負責平衡大地上的火種，餵養鞭炮蟲，對昆蟲與植物有與生俱來的溝通能力。

兔孔明
揮羽扇指揮大軍的小兔子
才華洋溢、審美觀獨特，智謀如神，凡事親力親為，喜歡玩密室逃脫遊戲和桌遊。

玄天上帝
棒球狂熱者
經歷遠古大戰還存活下來的神明，平常擔任小學校棒球教練，到處跑社區，很受人愛戴。

東海小龍王
富二代
爸爸是東海龍王，有一艘自己的遊艇，想成為海賊王。

貔貅父子
游牧民族
到處流浪、四海為家，曾經是最兇猛的妖獸，如今只想照顧僅存唯一的血脈成長，牙齒是金子做的，喜歡在上面鑲嵌。

小濟公
天才兒童
從沒上過課，卻靠自修精通，功課太好被同學排擠，雖然很窮卻又很自在，從沒想要追求什麼，當直播主幫網友解決問題，被當成神通小公公。

南極仙翁
背上的酒從沒喝過
童顏不老的古神，兜裡永遠都有桃子吃，看到他的人運氣瞬間加成，愛賞花、野餐和啤酒，正在進行把世界的好酒喝一輪的自助旅行。

夸父&后羿
其實感情很好
夸父腿力第一，后羿臂力第一，雙雙成為職業摔角的明星，從此展開摔角史上的史詩對決。

五營元帥
第三眼常看到不該看的
歐洲貴族，社交舞跳得很好，很有紳士風度，獎章上有五個燈，代表那一個將軍現身。教會小八用旗語。

赤兔馬
貓關公的座騎
患有失眠症、膽子超大的極限運動馬，各種懸崖峭壁、高山險境、甚至是地雷滿佈的地方都不看在眼裡。

刑天戰士
阿格雷西柔術高手
很寶貝自己的頭髮，收集護髮妙方，自從幫伏羲打贏了戰爭，常常失眠，有退伍士兵症候群。最愛青銅器。

註生小娘娘
帶金鏟子的女童軍

常幫忙催生助產，因為曾經目睹麒麟送子，深被吸引，愛小孩教導童軍美德。

風神&雷神
有雷神咖啡品牌

風神很會打童軍結及補破洞，最怕有漏洞讓風跑掉。雷神總共有九種雷聲，愛喝下午茶。

小媽祖
十七歲文青少女

剛成為三千世界的實習守護神之一。總是帶著單眼和全罩式耳機。力量的來源是人們的祈願。酷愛下午茶，喜歡收集貼紙。

玉帝CEO
公司運營頭很大

很辛苦經營著天庭媒體企業，每天有開不完的會，要發薪水的員工，充滿問題的部屬，幸好有仙女主播幫忙，兩人一起努力。

仙女主播
嗲嗲聲報新聞

是電視台當家主播，也是玉帝的得力秘書，是大家的偶像，面對告白、暗戀、明戀的神民，始終保持著高EQ。

月老兔
看人很準愛喝酒

人間的紅線都在他心裡，透過大數據牽線，架設雲端伺服器，只有真正有緣人才能握住他眉毛得到祝福。

馬面警官
正義感過剩

鼻孔過大，金髮飄逸，追犯人時耐力很強。吃素。

千里眼&順風耳
鬥嘴像小老頭

順風耳被拉得越來越大、越來越紅，害羞時看不出來。千里眼常被以為是河童，泡溫泉時故意嚇人，欺負順風耳是千里眼的興趣。

小神農
瑜珈大師

發明自然療法、吃素的好處，講究天地人合一。身心靈平衡才是最重要的。

小八將 好神寓言

圖　　　文	傅弘誌 Mars Fu
總 編 輯	賈俊國
副 總 編 輯	蘇士尹
編　　　輯	高懿萩
行 銷 企 畫	張莉滎・黃欣・蕭羽猜

發 行 人	何飛鵬
法 律 顧 問	元禾法律事務所王子文律師
出　　　版	布克文化出版事業部
	台北市中山區民生東路二段 141 號 8 樓
	電話：(02)2500-7008　傳真：(02)2502-7676
	Email：sbooker.service@cite.com.tw
發　　　行	英屬蓋曼群島商家庭傳媒股份有限公司城邦分公司
	台北市中山區民生東路二段 141 號 2 樓
	書虫客服服務專線：(02)2500-7718；2500-7719
	24 小時傳真專線：(02)2500-1990；2500-1991
	劃撥帳號：19863813；戶名：書虫股份有限公司
	讀者服務信箱：service@readingclub.com.tw
香港發行所	城邦（香港）出版集團有限公司
	香港灣仔駱克道 193 號東超商業中心 1 樓
	電話：+852-2508-6231　　傳真：+852-2578-9337
	Email：hkcite@biznetvigator.com
馬新發行所	城邦（馬新）出版集團 Cité (M) Sdn. Bhd.
	41, Jalan Radin Anum, Bandar Baru Sri Petaling,
	57000 Kuala Lumpur, Malaysia
	電話：+603- 9057-8822　　傳真：+603- 9057-6622
	Email：cite@cite.com.my
印　　　刷	卡樂彩色製版印刷有限公司
初　　　版	2022 年 12 月
定　　　價	380 元
I S B N	978-626-7126-82-0
E I S B N	978-626-7126-80-6

城邦讀書花園　　布克文化
www.cite.com.tw　WWW.SBOOKER.COM.TW